Estudo básico do Cifrado

O VIOLÃO TEM SEIS CORDAS

(mi lá ré sol si mi) A gravura ao lado representa o braço do violão.
Os números abaixo do quadro indicam as cordas:

N.º 1 — **primeira corda** (mi)
N.º 2 — **segunda corda** (si)
N.º 3 — **terceira corda** (sol)
N.º 4 — **quarta corda** (ré)
N.º 5 — **quinta corda** (lá)
N.º 6 — **sexta corda** (mi)

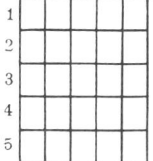

Os traços horizontais são os **trastes**.
Os números ao lado do quadro indicam as **casas**.

Os números dentro do quadro indicam os dedos da mão esquerda, que se contam a partir do indicador:

1 — indicador
2 — médio
3 — anular
4 — mínimo

Os sinais abaixo do quadro indicam os dedos da mão direita:

o — polegar
i — indicador
m — médio
a — anular

(o dedo mínimo da mão direita não tem função no violão)

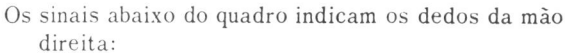

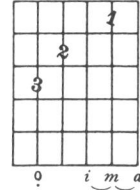

Como devem ser executados os sinais encontrados abaixo do quadro ao lado.
Primeiro o polegar (o) e em seguida, as três cordas juntas com os dedos: indicador(*i*), médio(*m*) e anular(*a*).

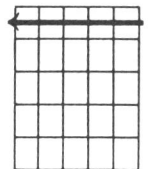

A barra (ou seta) que se vê no quadro ao lado indica a **Pestana**, que é feita com o indicador dedo número(**1**), apertando tôdas as cordas.

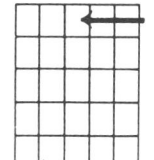

Na **meia-pestana**, apertam-se as três primeiras cordas.

CIFRADO

O cifrado é universal.

TONALIDADES

As tonalidades são indicadas por letras.

Tons maiores

Letras maiúsculas

{ A   B   C   D   E   F   G
{ lá   si   dó   ré   mi   fá   sol

Tons menores

Letras maiúsculas, seguidas de um (m) minúsculo.

{ Am   Bm   Cm   Dm   Em   Fm   Gm
{ lá   si   dó   ré   mi   fá   sol

SINAIS USADOS NO CIFRADO

♯ sustenido

♭ bemol

6 (sexta) — **7** (sétima) — *etc.*

9 M (nona maior) — **7 M** (sétima maior) — *etc.*

5 + (quinta aumentada) — **9 +** (nona aumentada) — *etc.*

9 - (nona menor)

dim (acorde diminuto)

No violão popular, as tonalidades dividem-se nas seguintes posições:

Tom maior — primeira, segunda, preparação, terceira maior, preparação e terceira menor.

Tom menor — primeira, segunda, preparação e terceira menor.

Os tons maiores são compostos de **seis acordes** e os tons menores, de **quatro acordes**.

EXEMPLOS

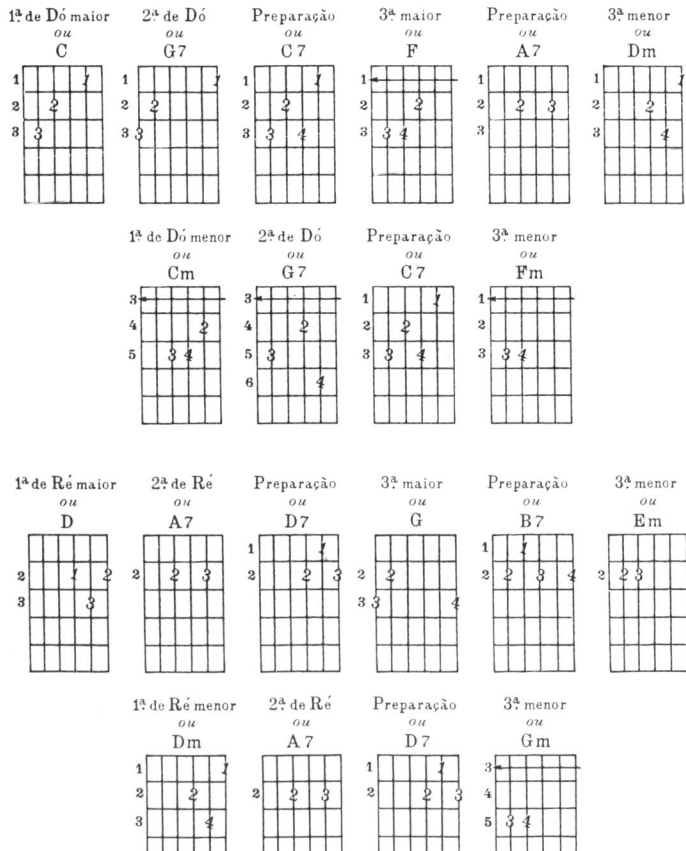

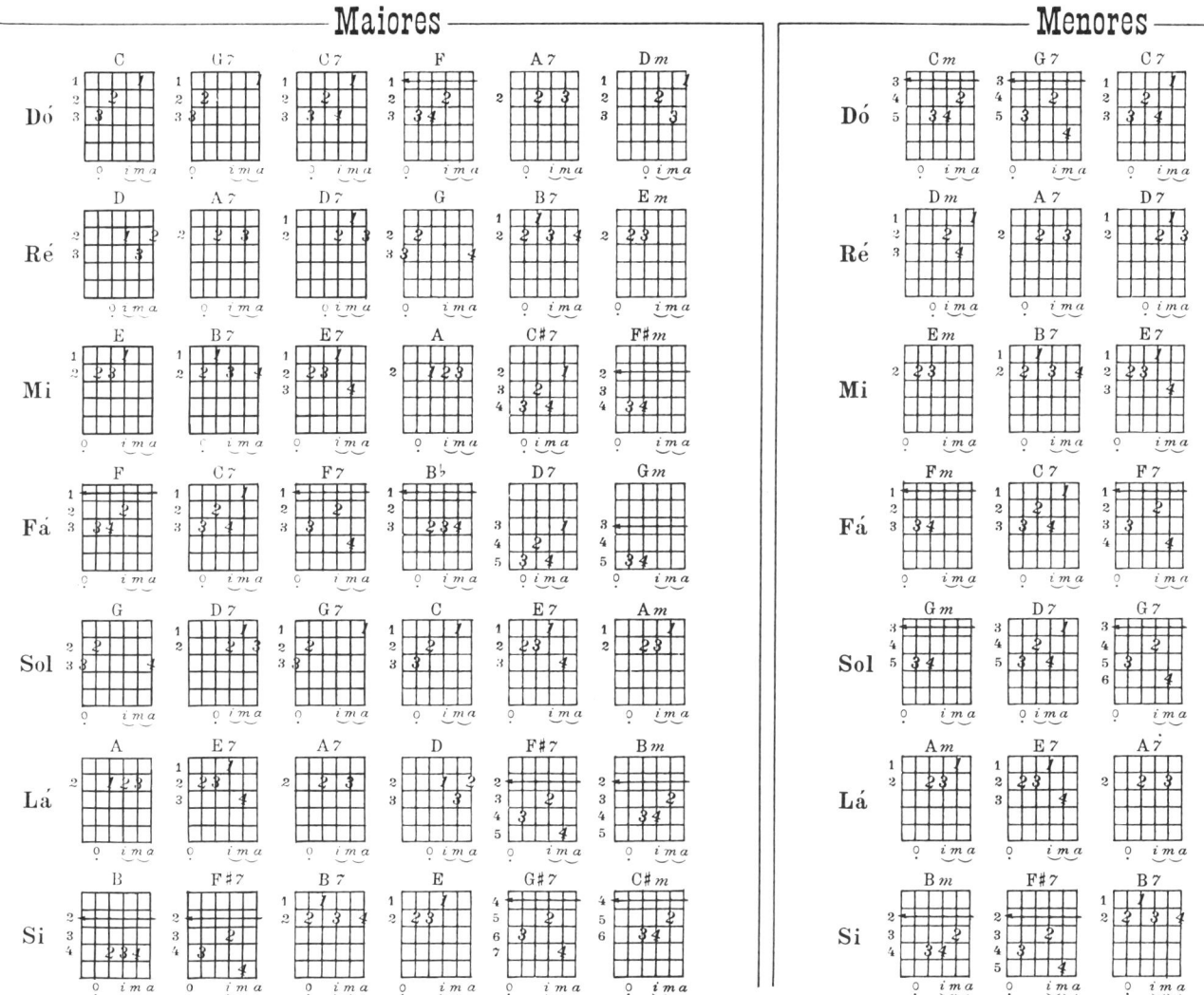

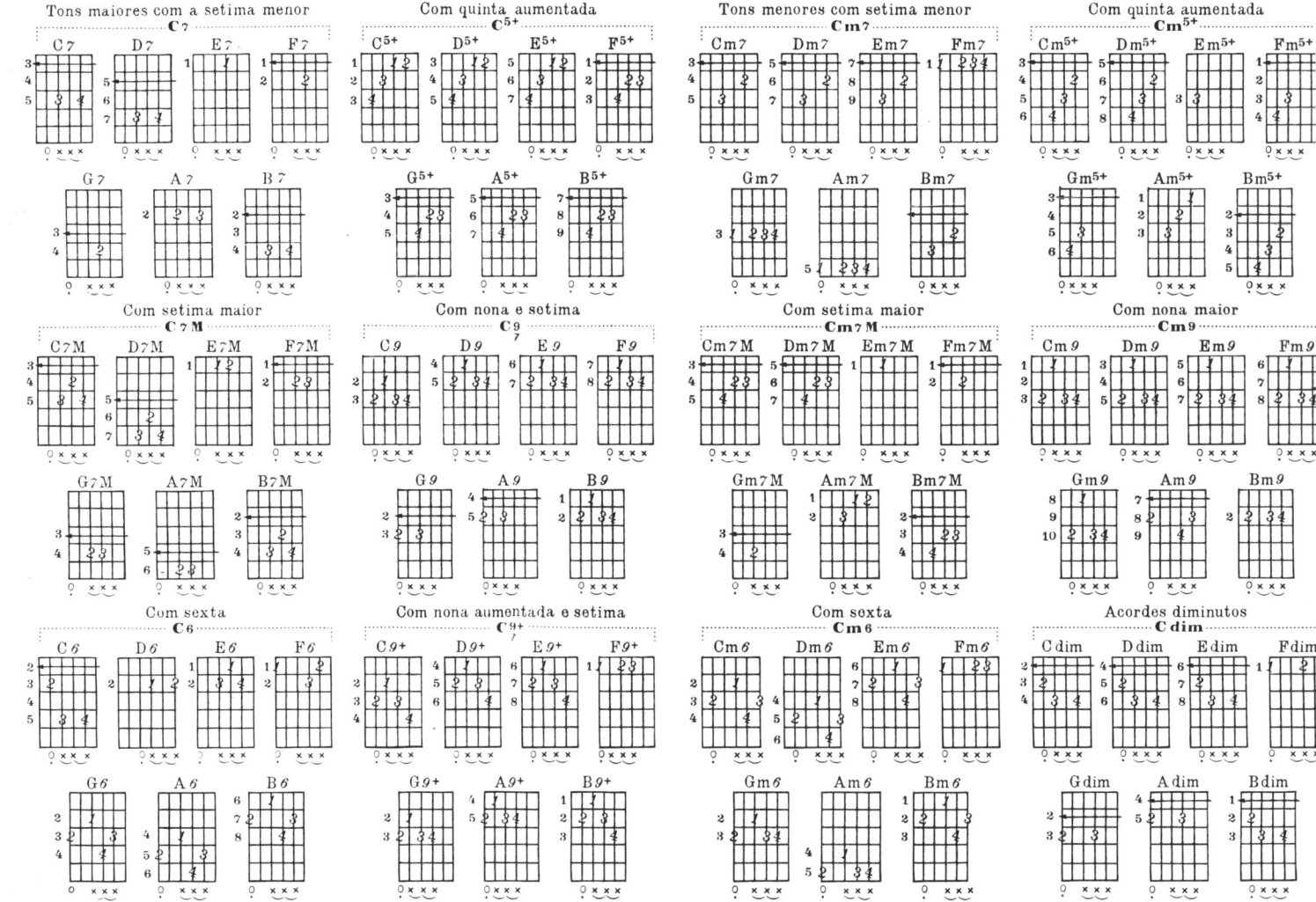

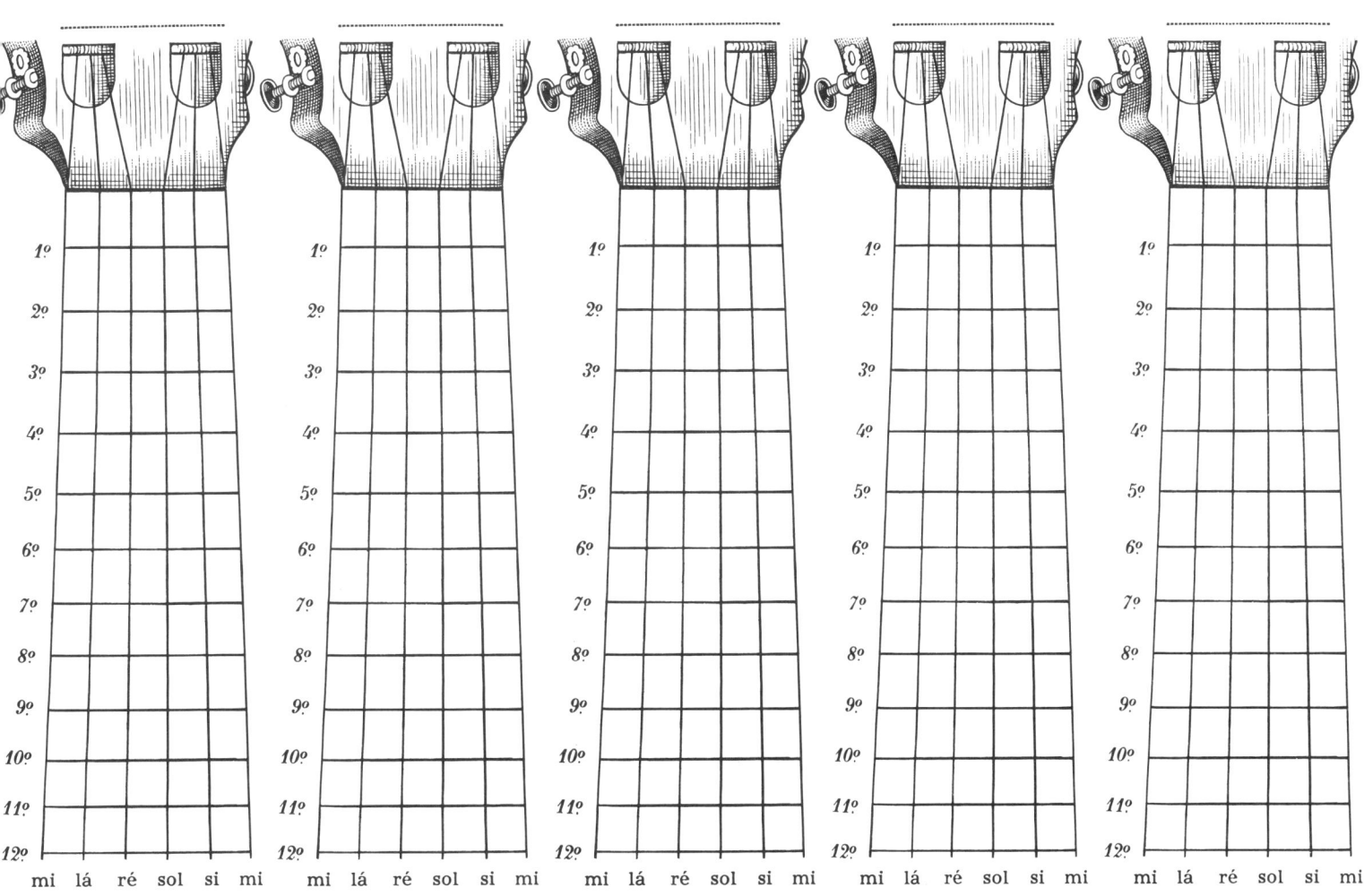

| 1º | 2º | 3º | 4º | 5º | 6º | 7º | 8º | 9º | 10º | 11º | 12º |

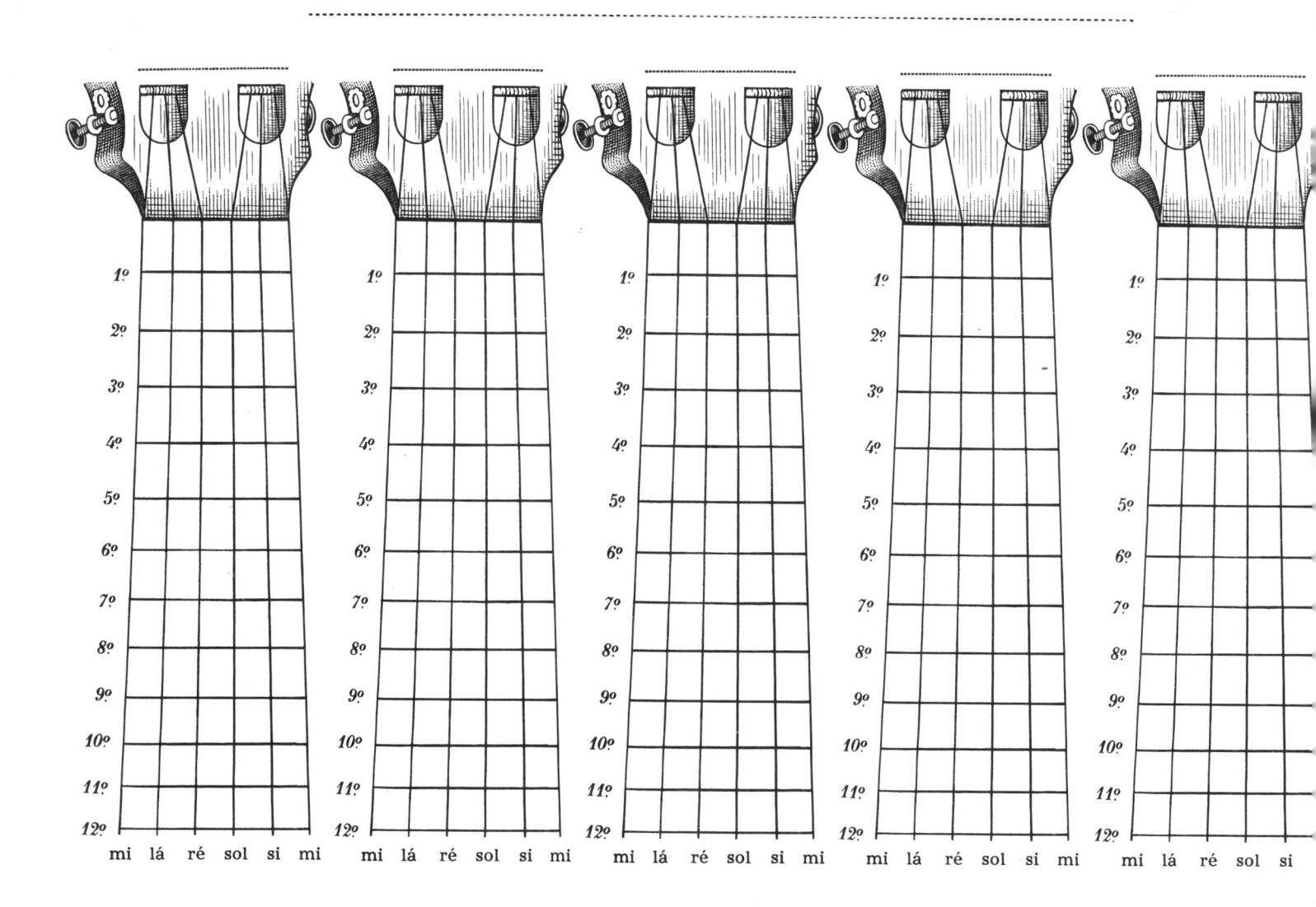

mi lá ré sol si mi

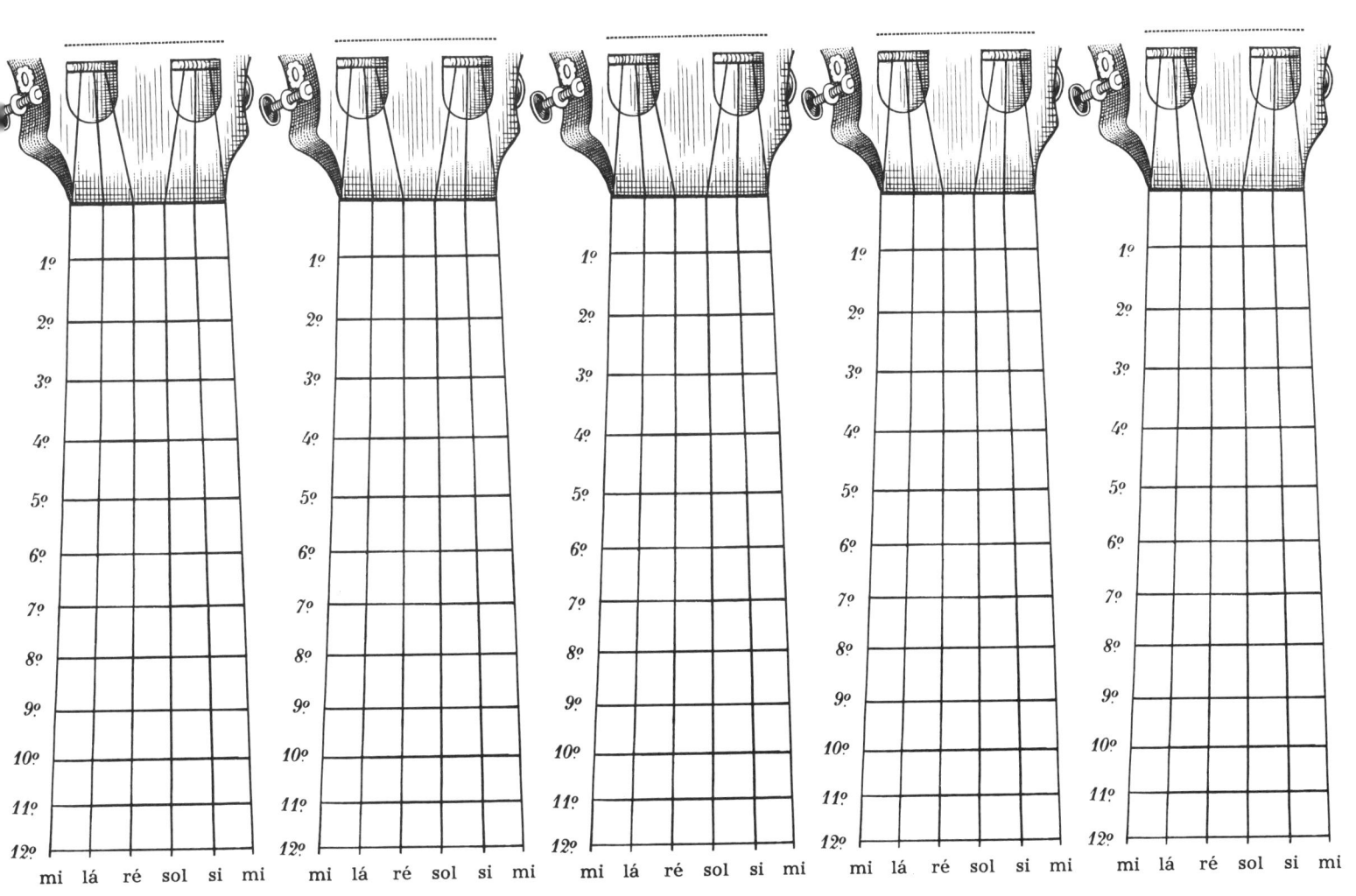

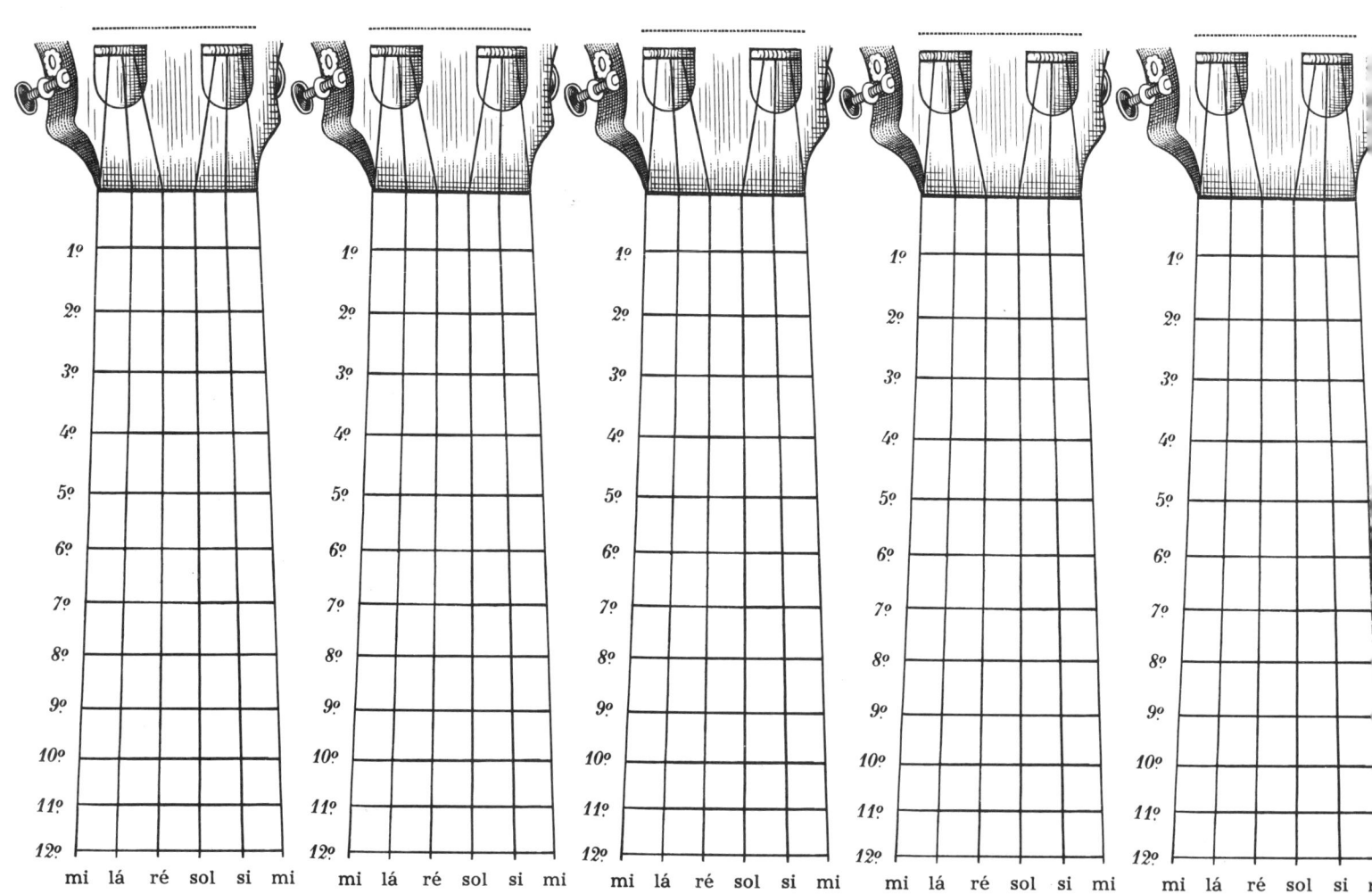

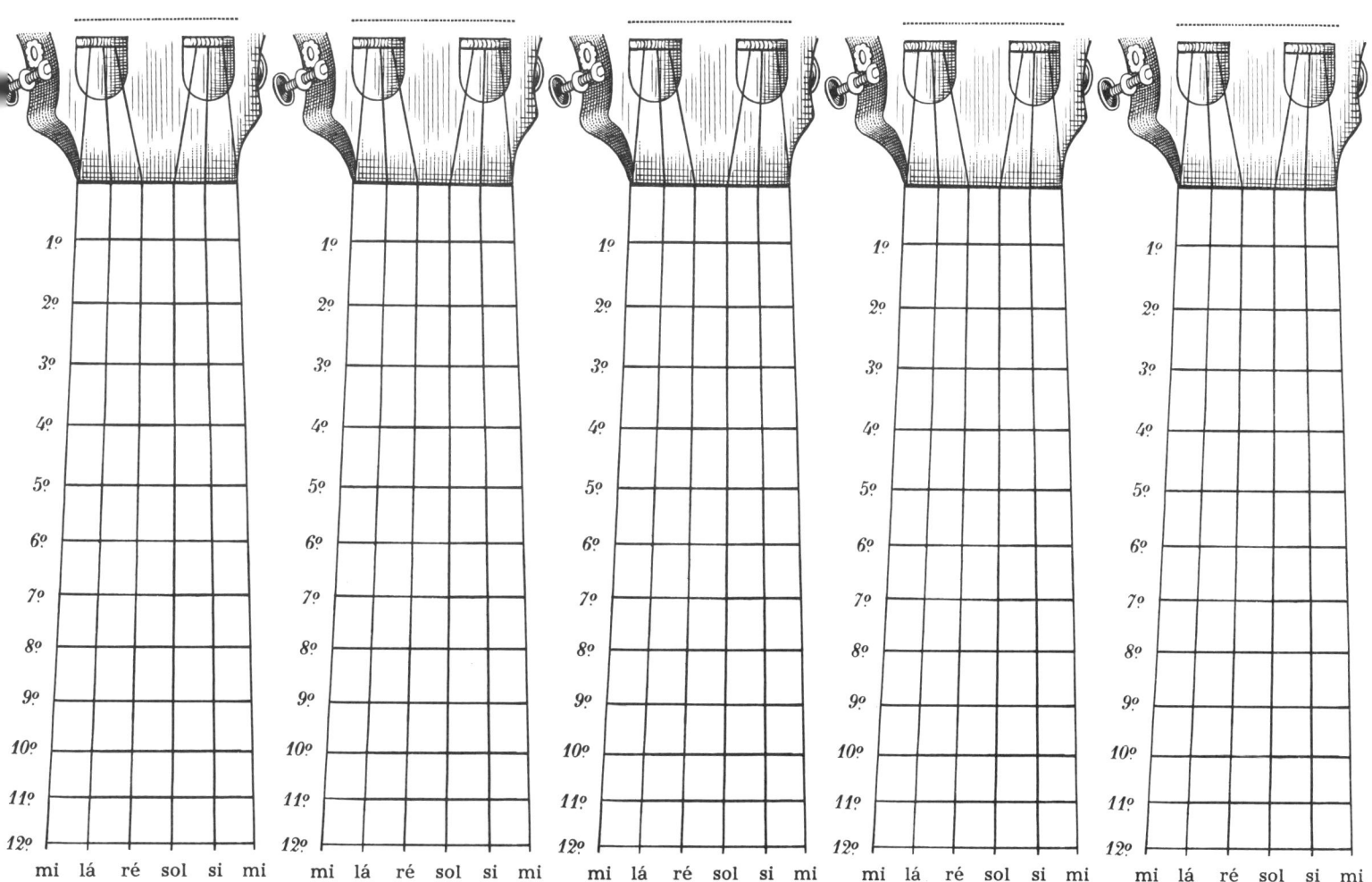

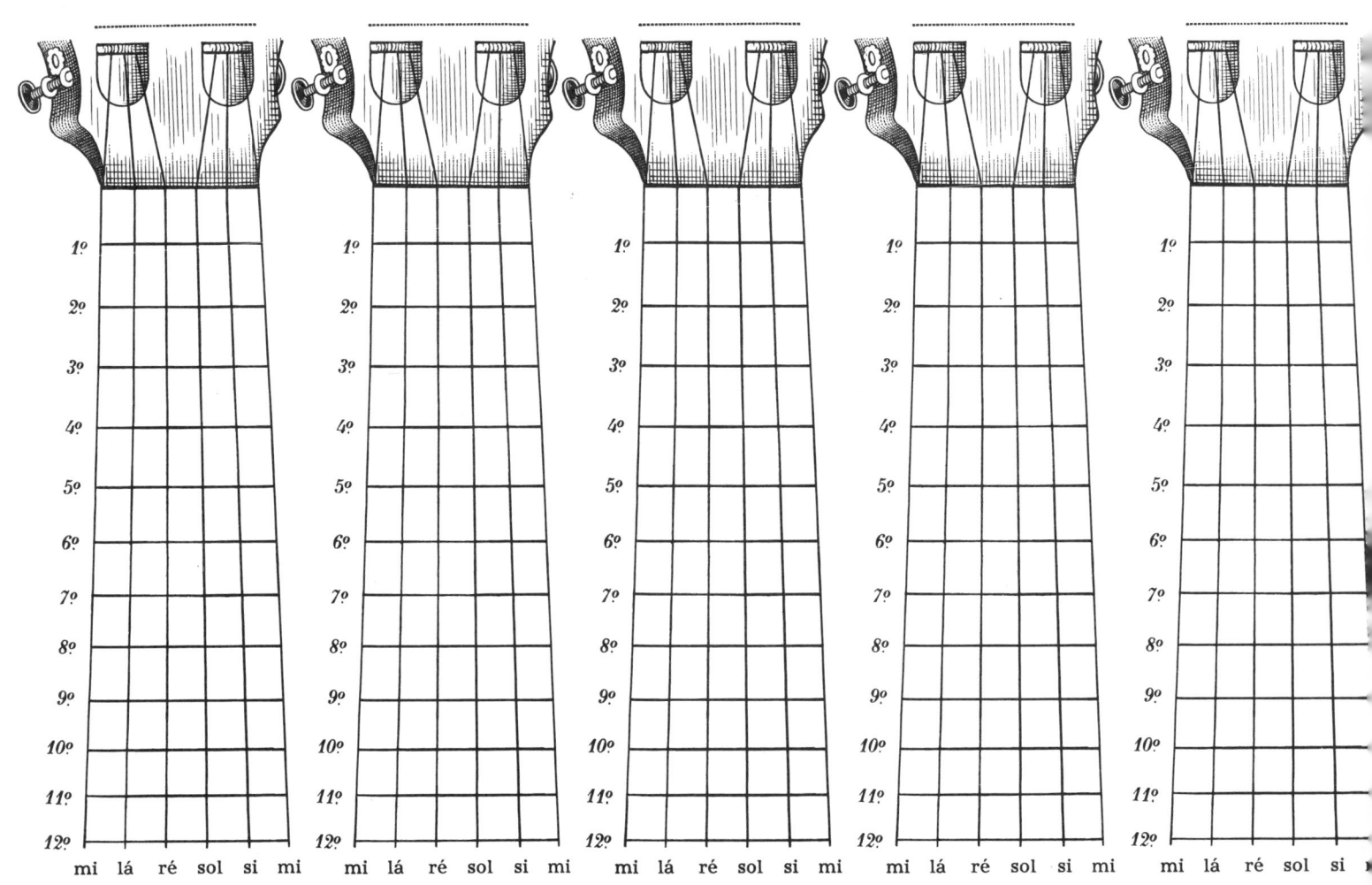

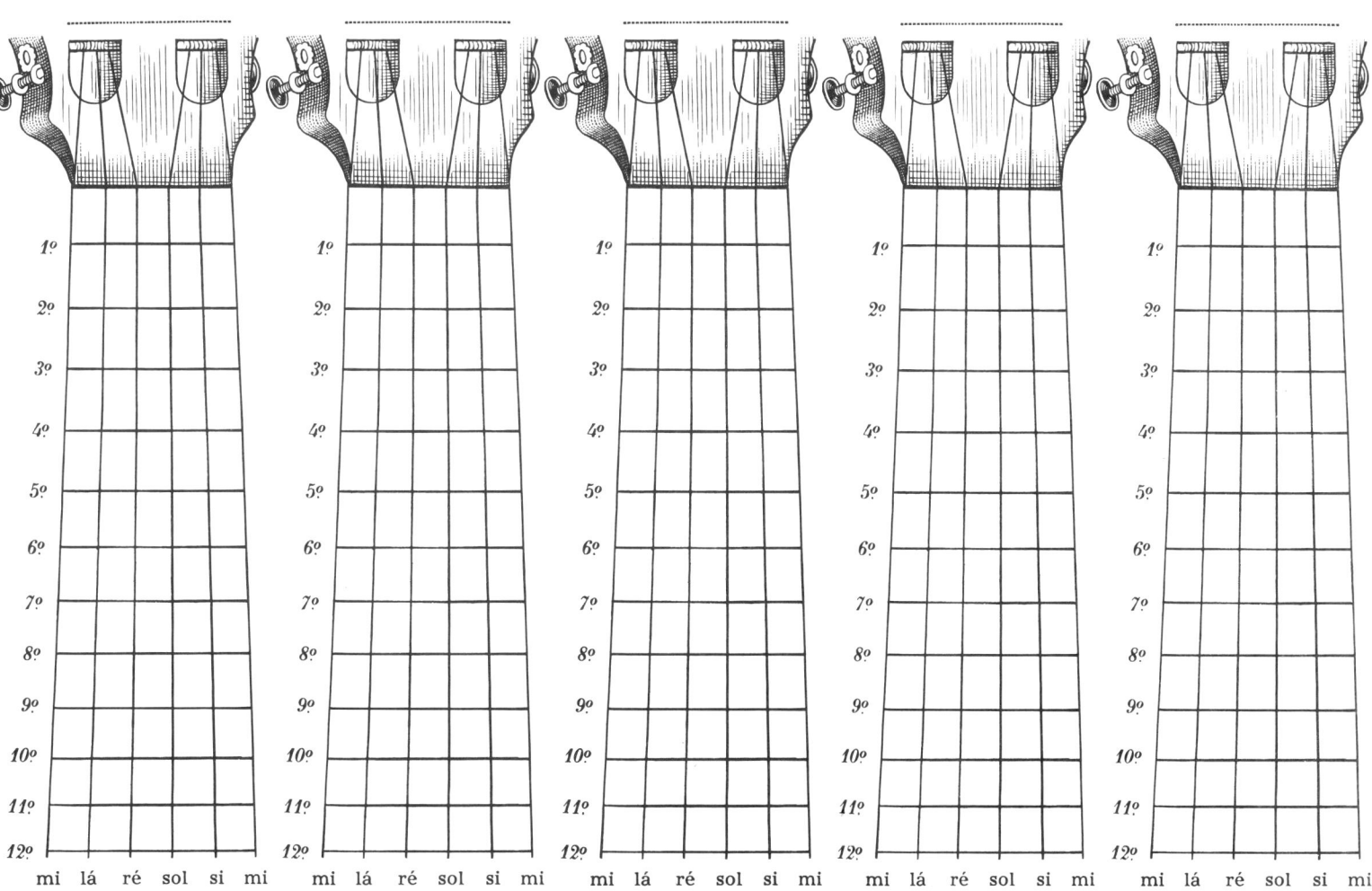

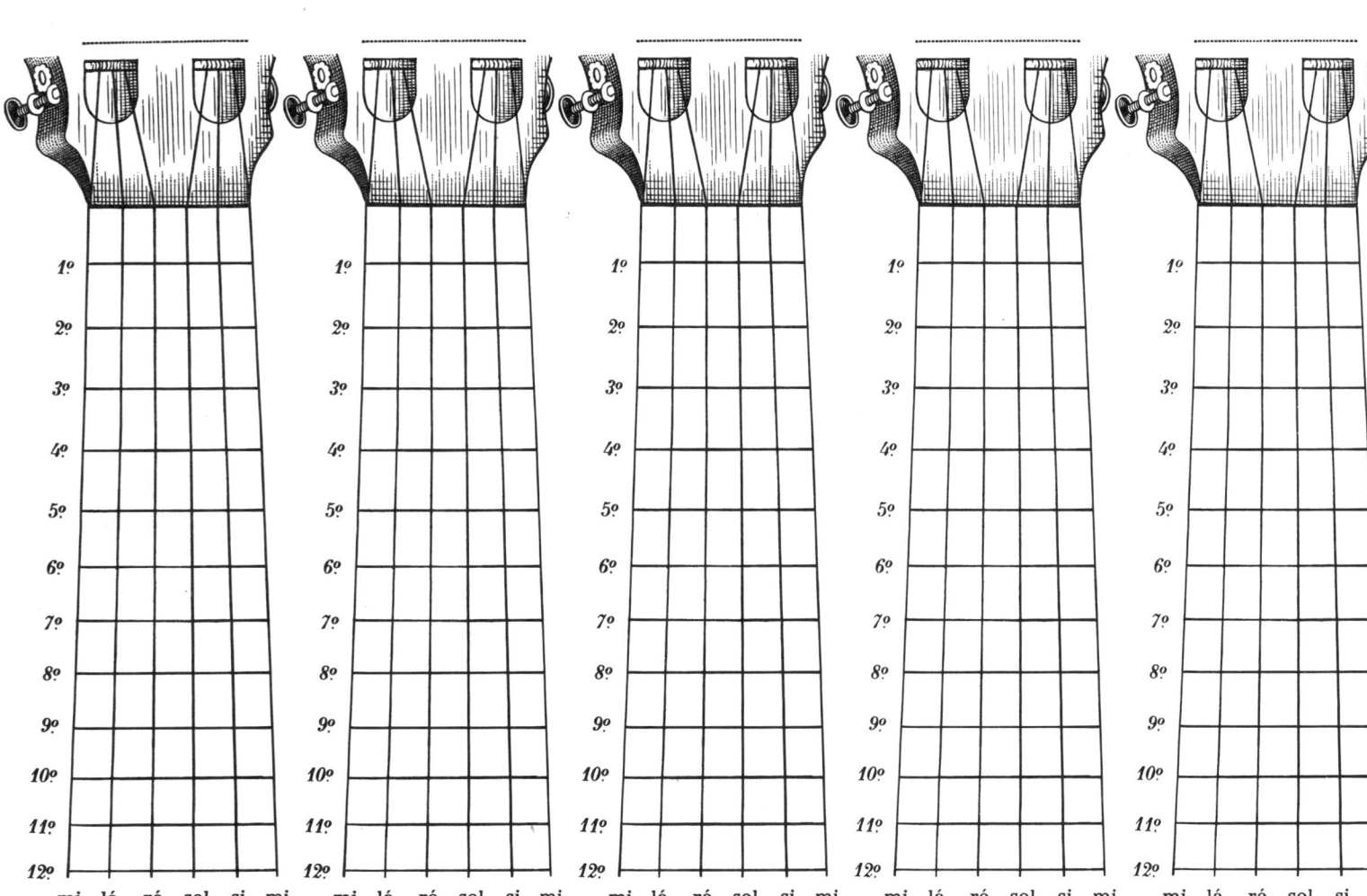

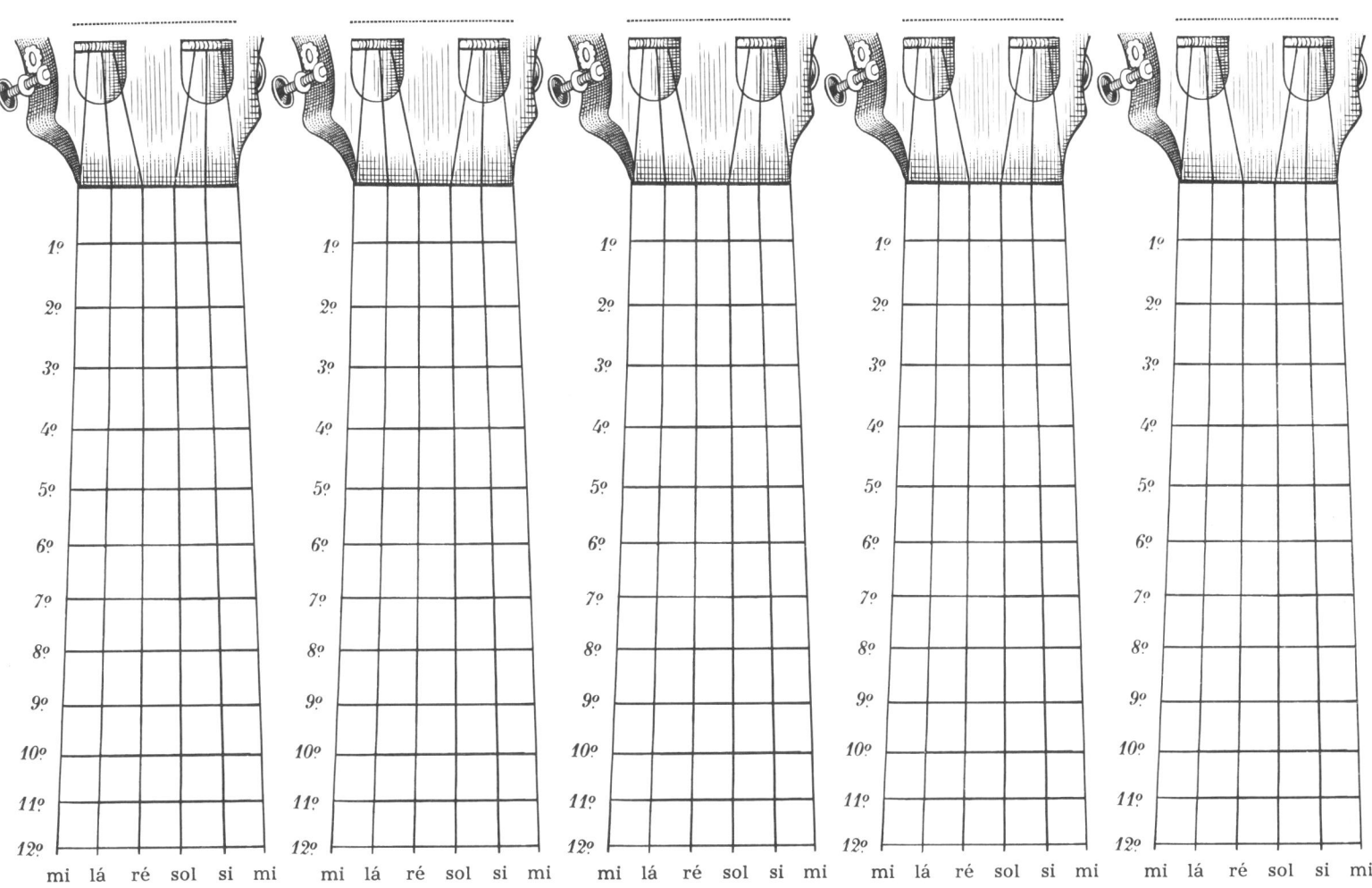

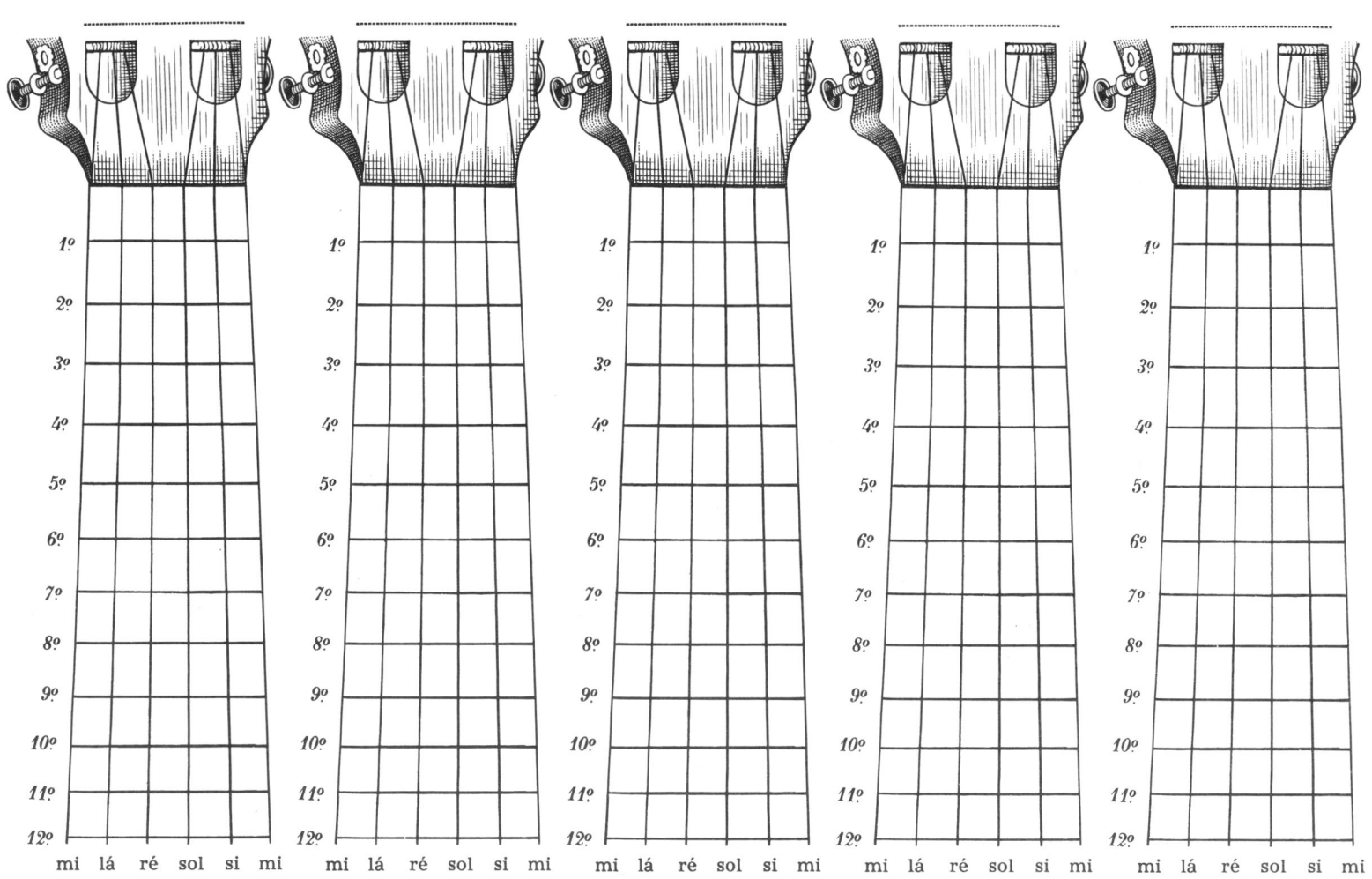

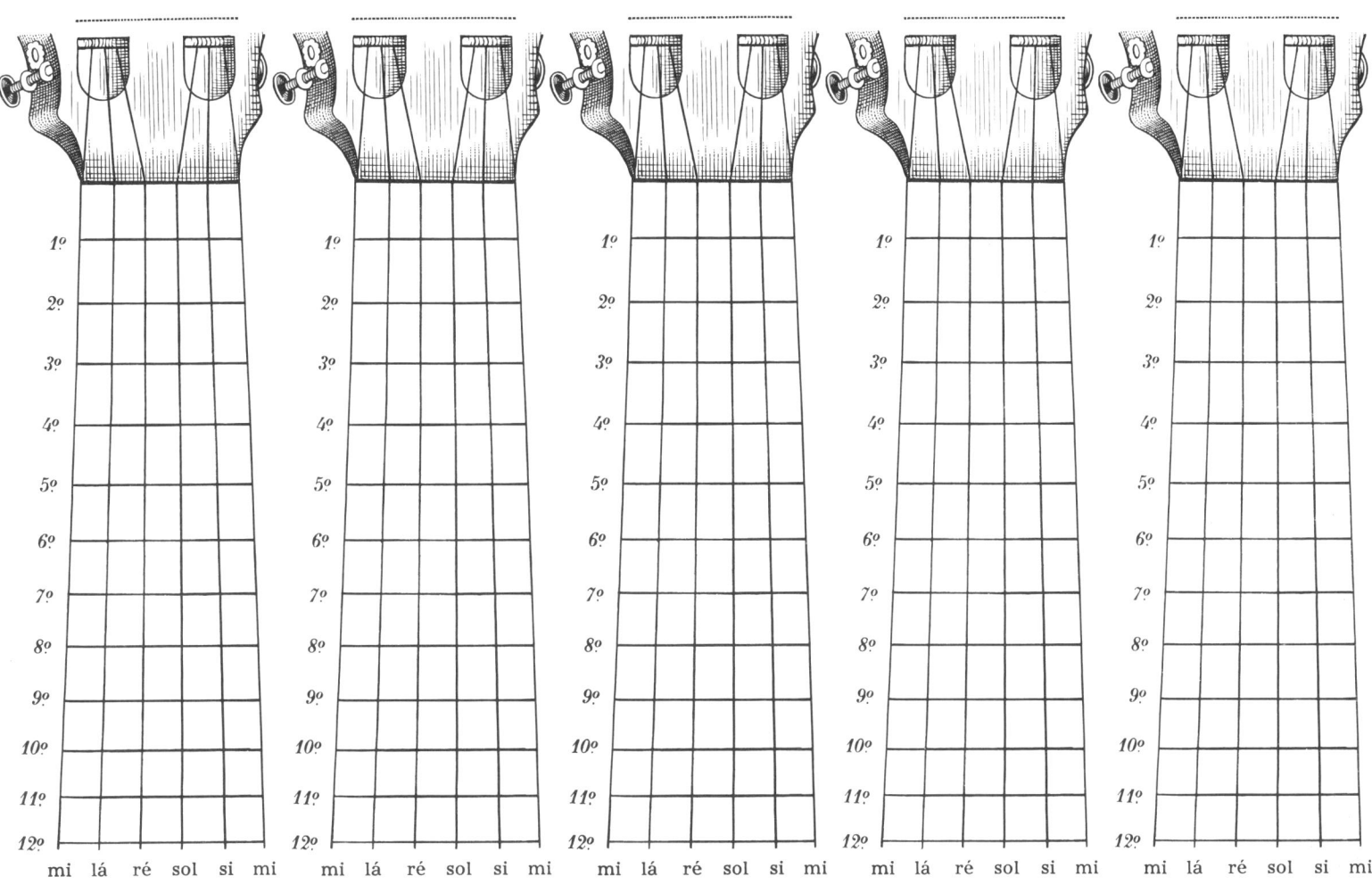

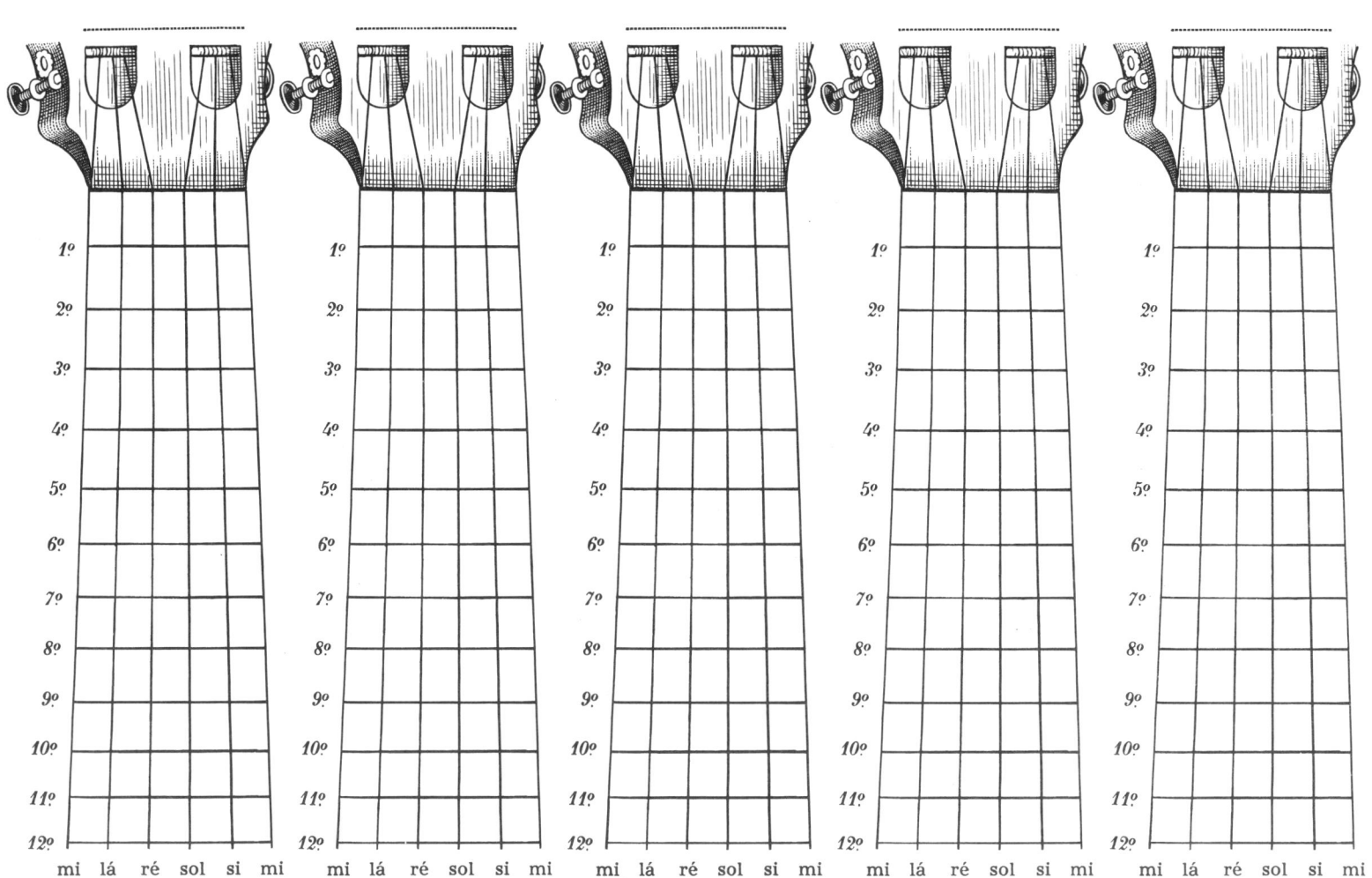

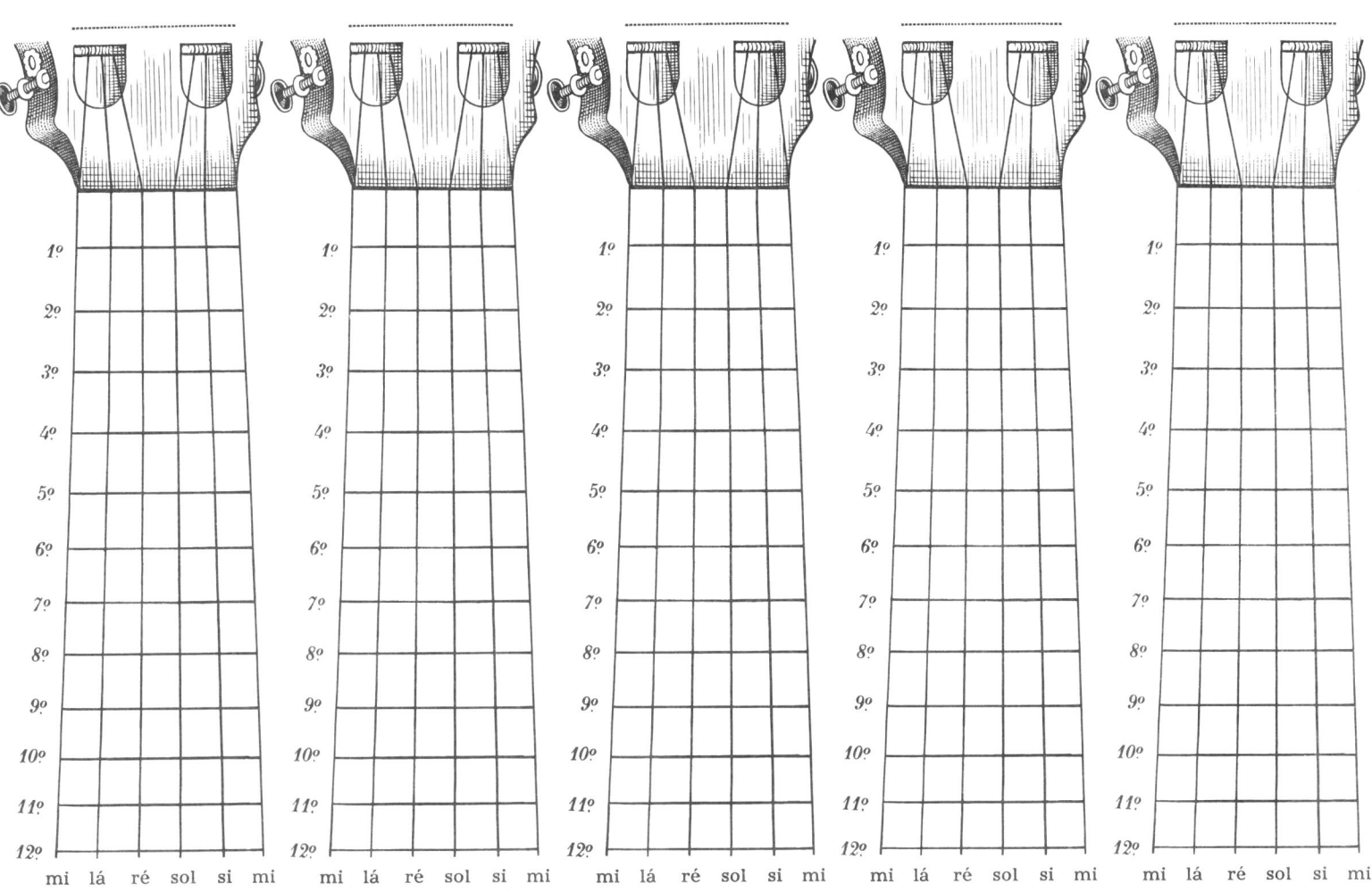

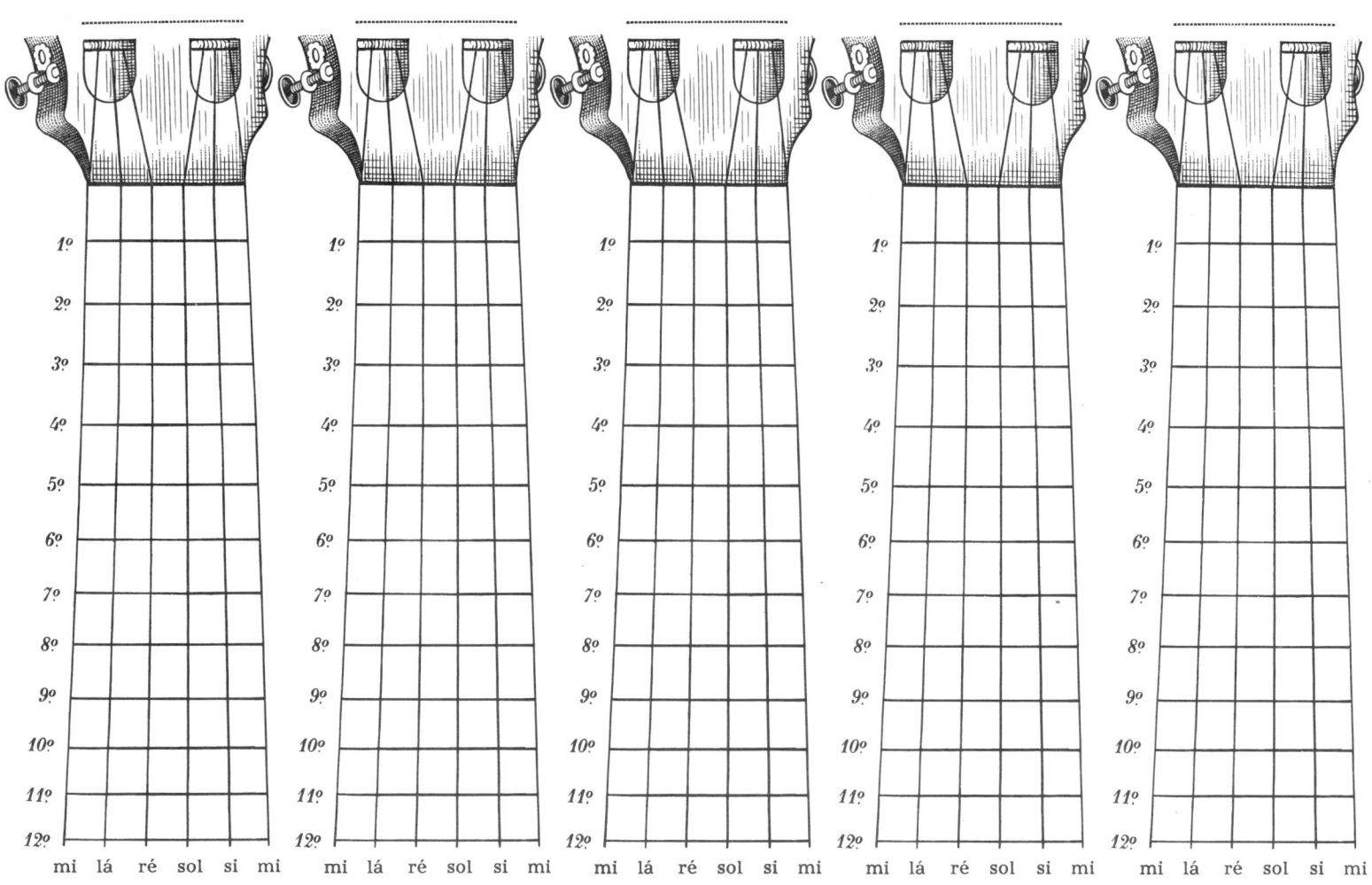

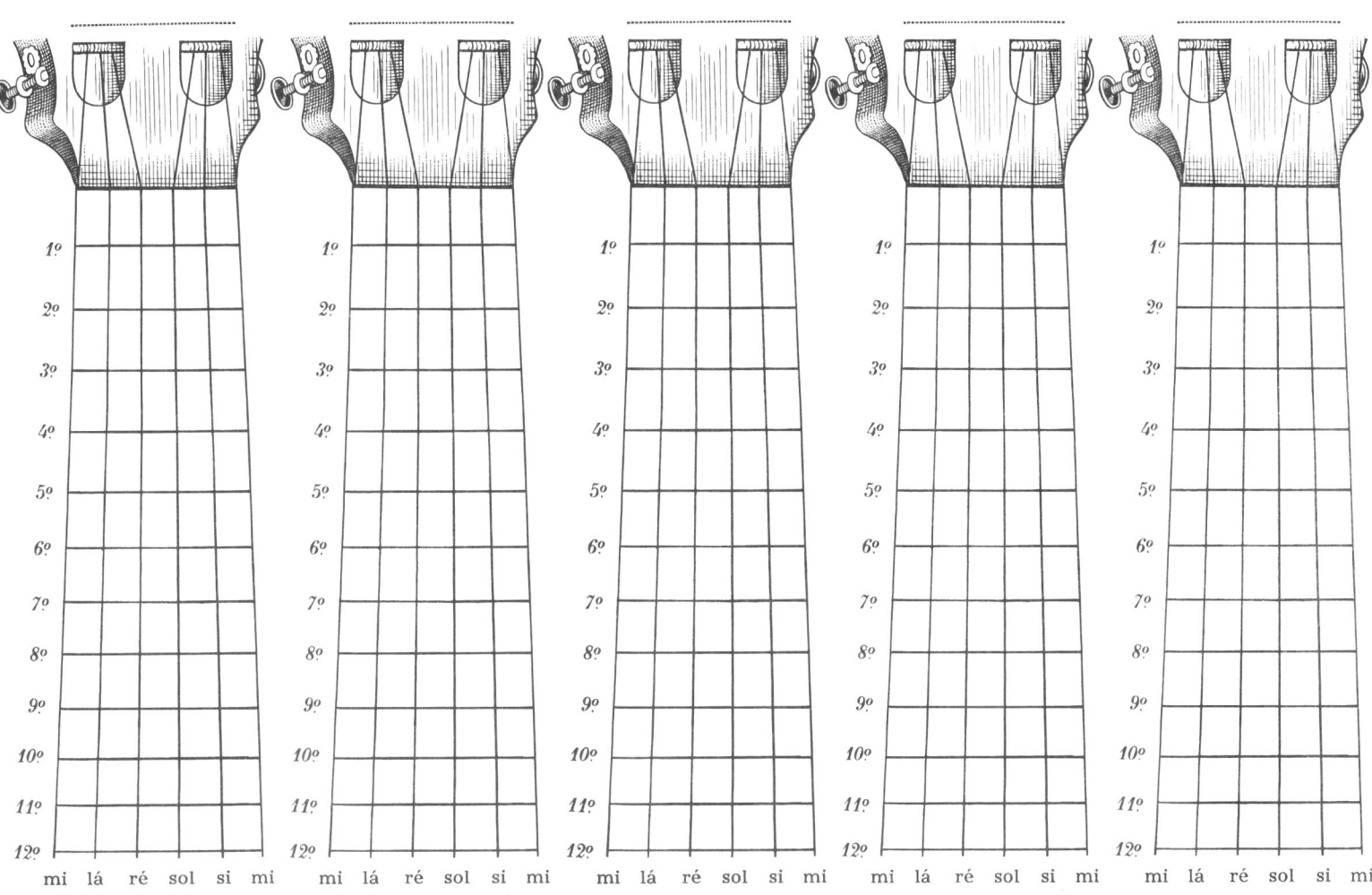

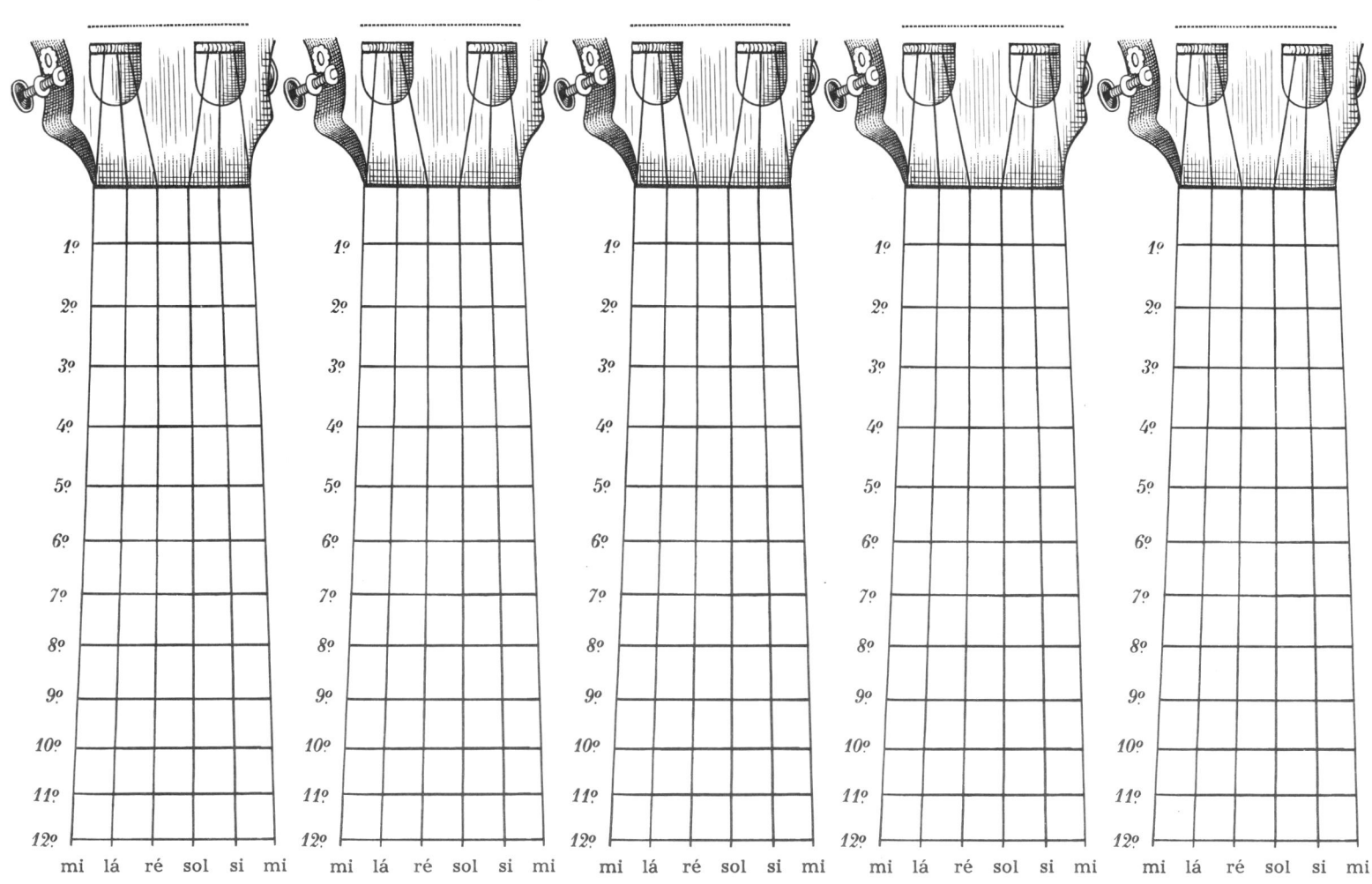

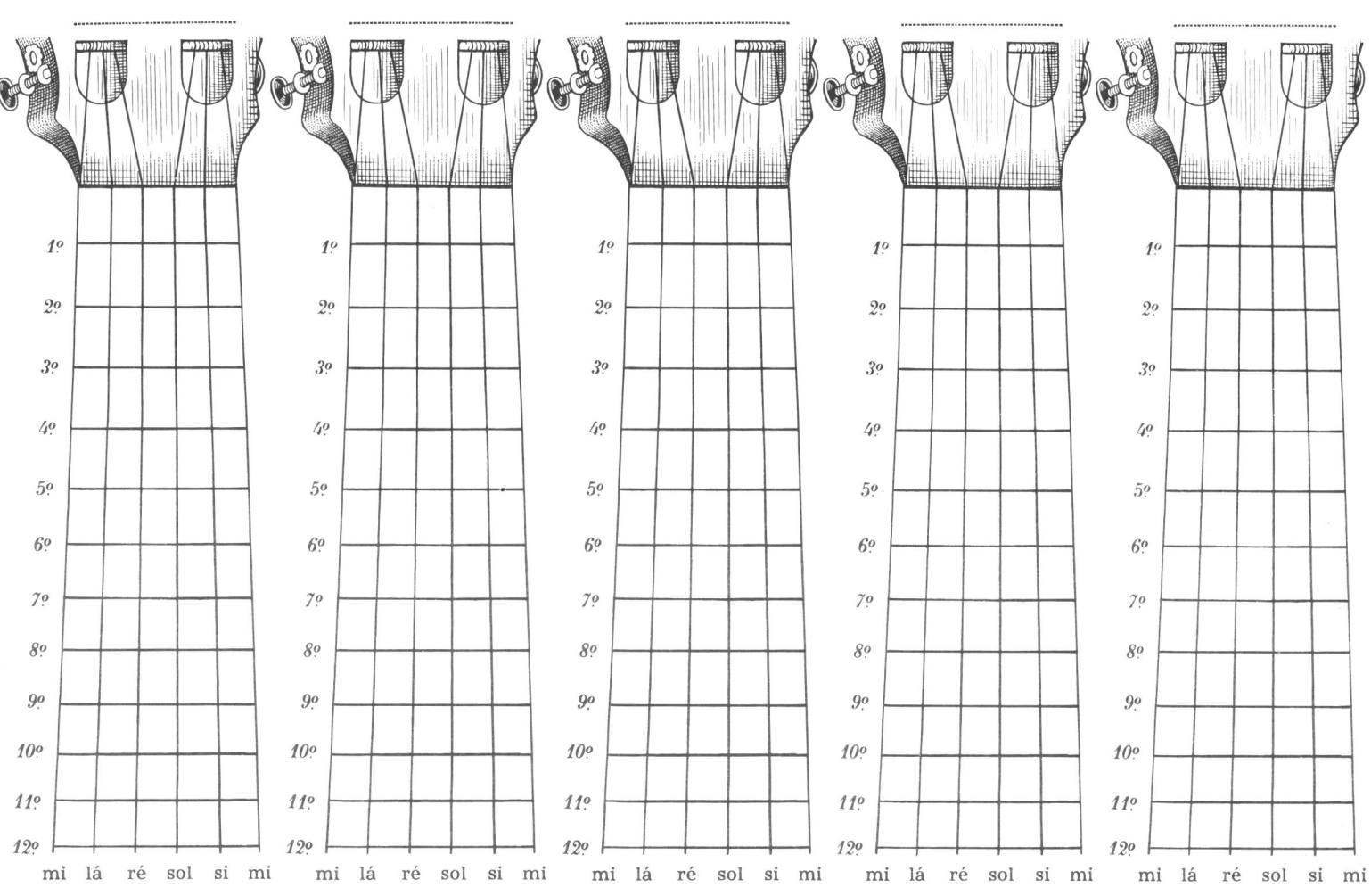

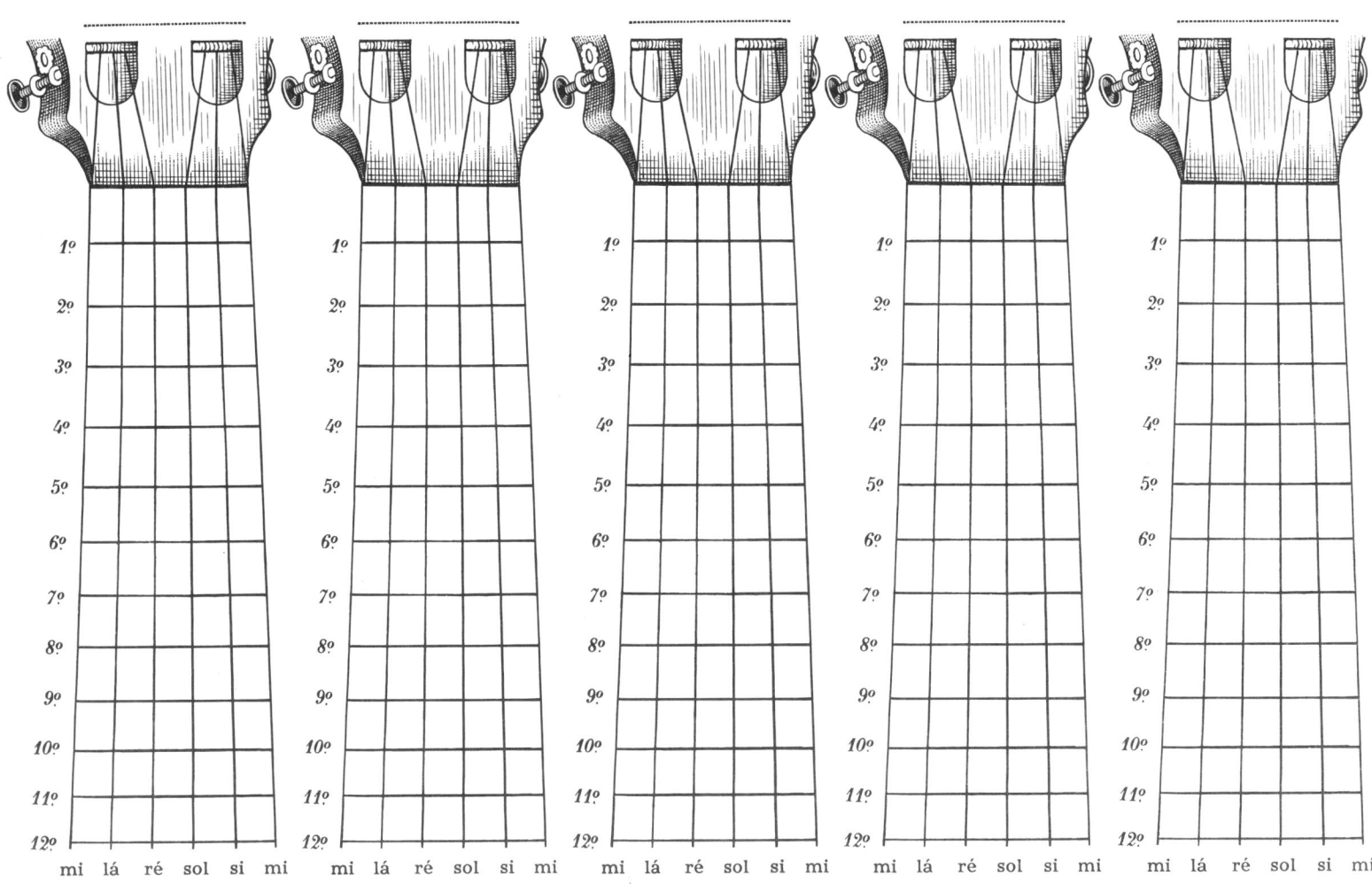

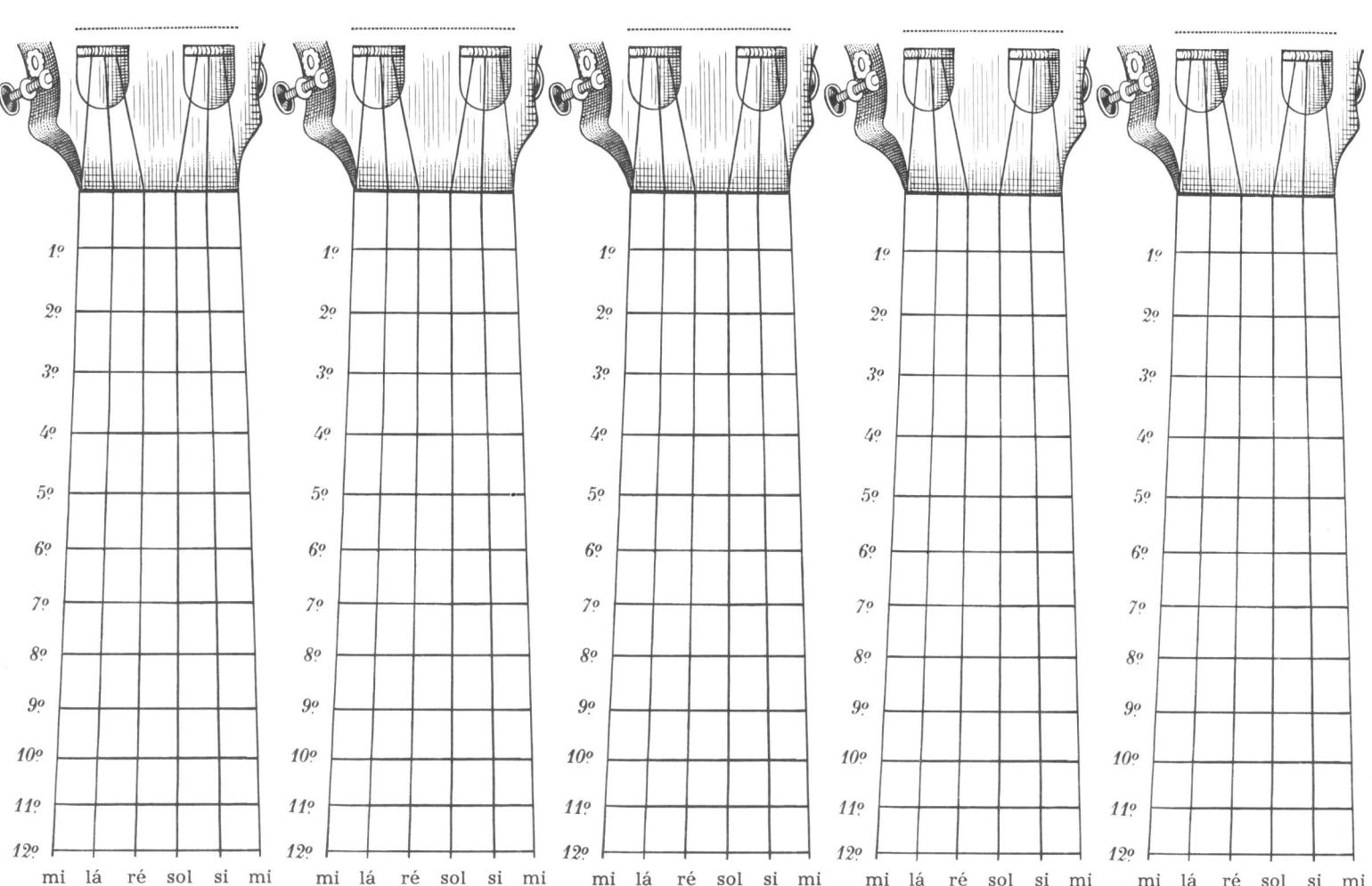

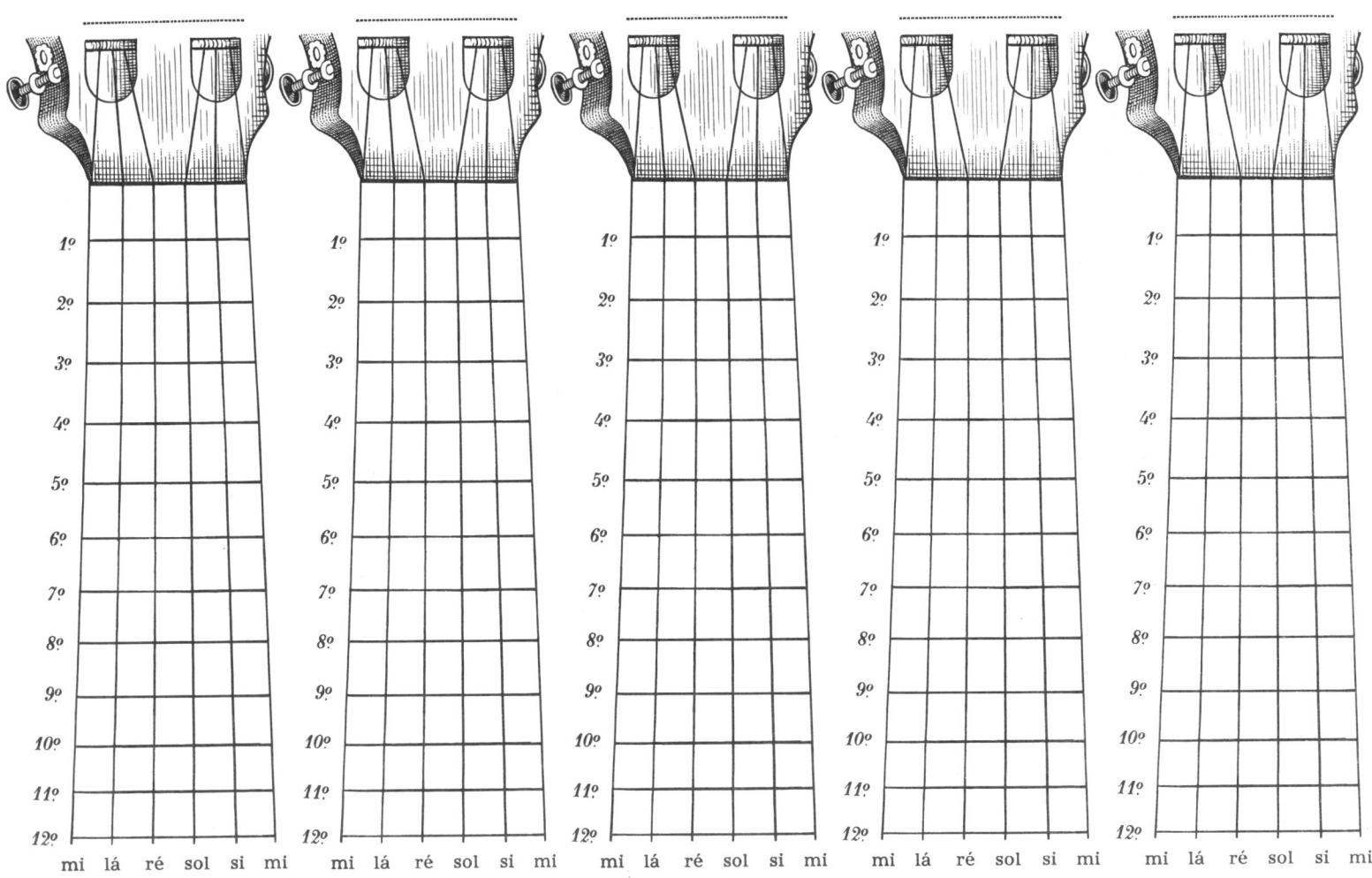

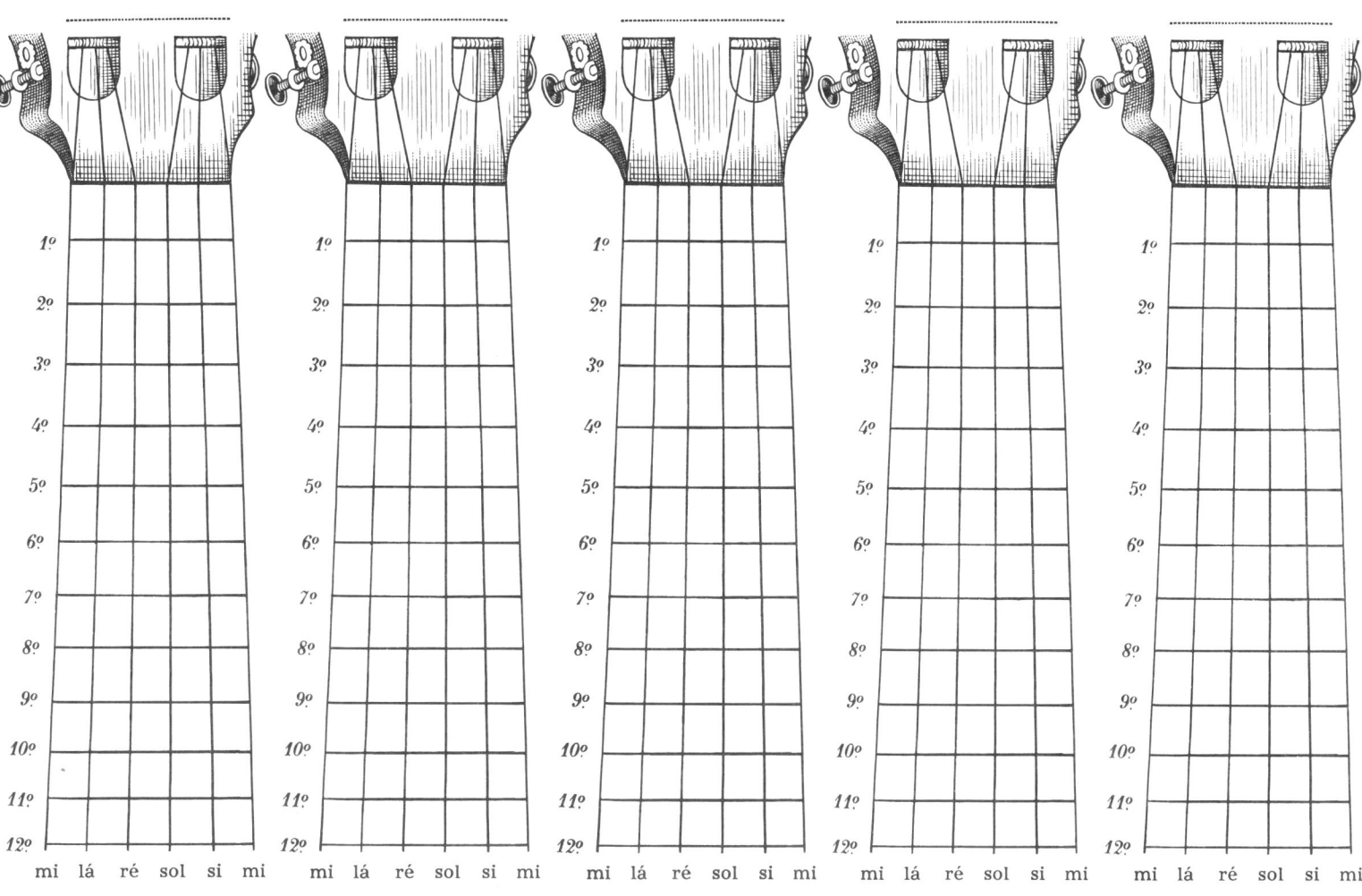

mi lá ré sol si mi   mi lá ré sol si mi   mi lá ré sol si mi   mi lá ré sol si mi   mi lá ré sol si mi

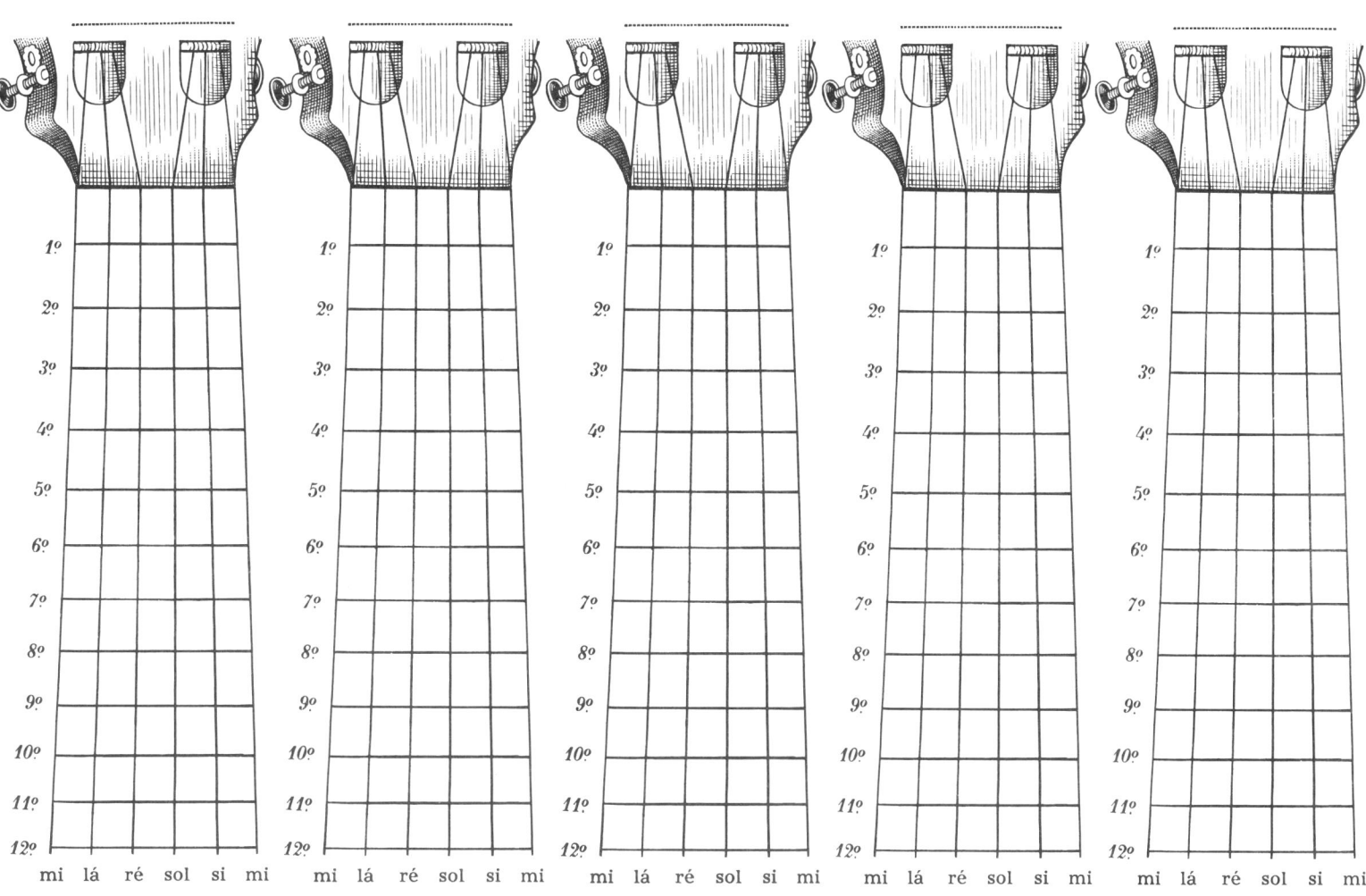

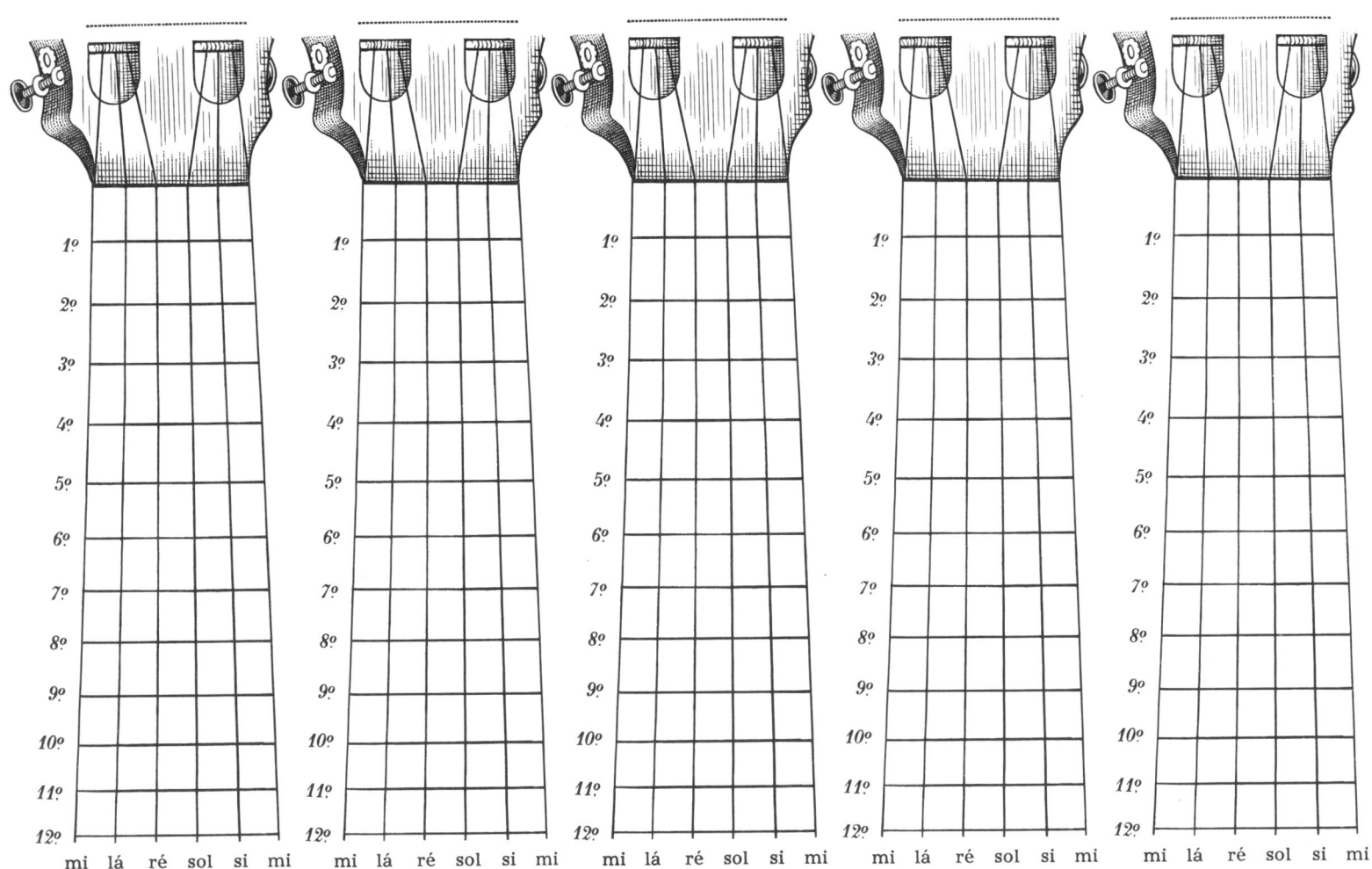

Dados Internacionais de Catalogação na Publicação (CIP)
(Câmara Brasileira do Livro, SP, Brasil)

Pedagogia do violão. -- São Paulo : Irmãos Vitale

Contém: estudos básicos do cifrado e acordes dissonantes.

1. Violão 2. Violão - Estudo e ensino

ISBN 85-7407-056-4
ISBN 978-85-7407-056-8

99-0811   CDD-787.8707

Índices para catálogo sistemático:

1. Violão : Estudo e ensino : Música
   787.8707